Annzie's New Lungs:
An Annzie the Brave Story

Los Pulmones Nuevos de Annzie:
Un Cuento de Annzie la Valiente

Written by / Escrito por D.L. Williams

Illustrated by/Ilustrado por Ashley Plummer

Translated by/ Traducido por Debra R. Sanchez

First printing 2026
Printed in the United States of America
Primera impresión 2026
Impreso en los Estados Unidos de América

Tree Shadow Press
www.treeshadowpress.com

ISBN: 978-1-948894-48-7

DEDICATION

This book is dedicated to all the selfless individuals and families who chose life by saying 'yes' to organ donation. Though they are gone, their legacy endures— living on in the bodies and lives of those they saved.

A portion of the proceeds from each book will be donated to Annzie's hockey club, The Cleveland Rockin' Wildcats.

To learn more about them and special needs hockey, visit:

https://www.clevelandspecialhockey.org

Este libro está dedicado a todas aquellas personas y familias desinteresadas que eligieron la vida al decir «sí» a la donación de órganos. Aunque ya no estén con nosotros, su legado perdura, y sigue vivo en los cuerpos y las vidas de aquellos a quienes salvaron. Una parte de los ingresos obtenidos por cada libro se donará al club de hockey de Annzie, los Cleveland Rockin' Wildcats. Para obtener más información sobre ellos y el hockey para personas con necesidades especiales, visite:

https://www.clevelandspecialhockey.org

Annzie was born a healthy baby girl.

Annzie nació como una niña sana.

Then, one day,
Annzie became very sick.

Entonces, un día,
Annzie se puso muy enferma.

As the years went by, Annzie grew, but still she remained sick .

Con el paso de los años, Annzie creció, pero seguía enferma.

And being sick made Annzie so very sleepy. In fact, she slept a LOT.

Y estar enferma le daba mucho sueño a Annzie. De hecho, dormía MUCHO.

Doctors did everything they could to help.
But only one thing could heal Annzie...

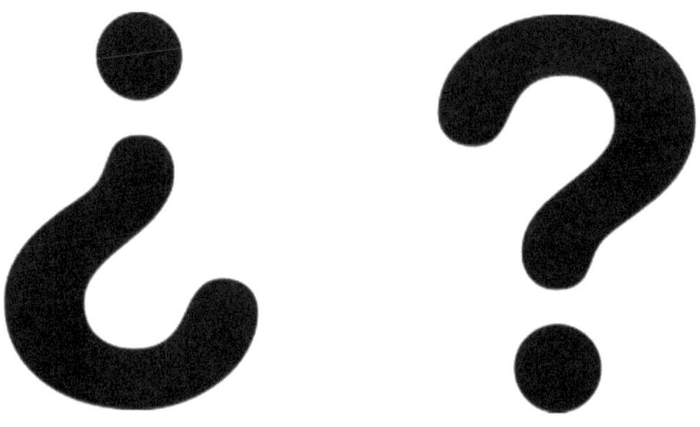

Los médicos hicieron todo lo posible por ayudarla.
Pero solo una cosa podía curar a Annzie...

...a new pair of lungs.

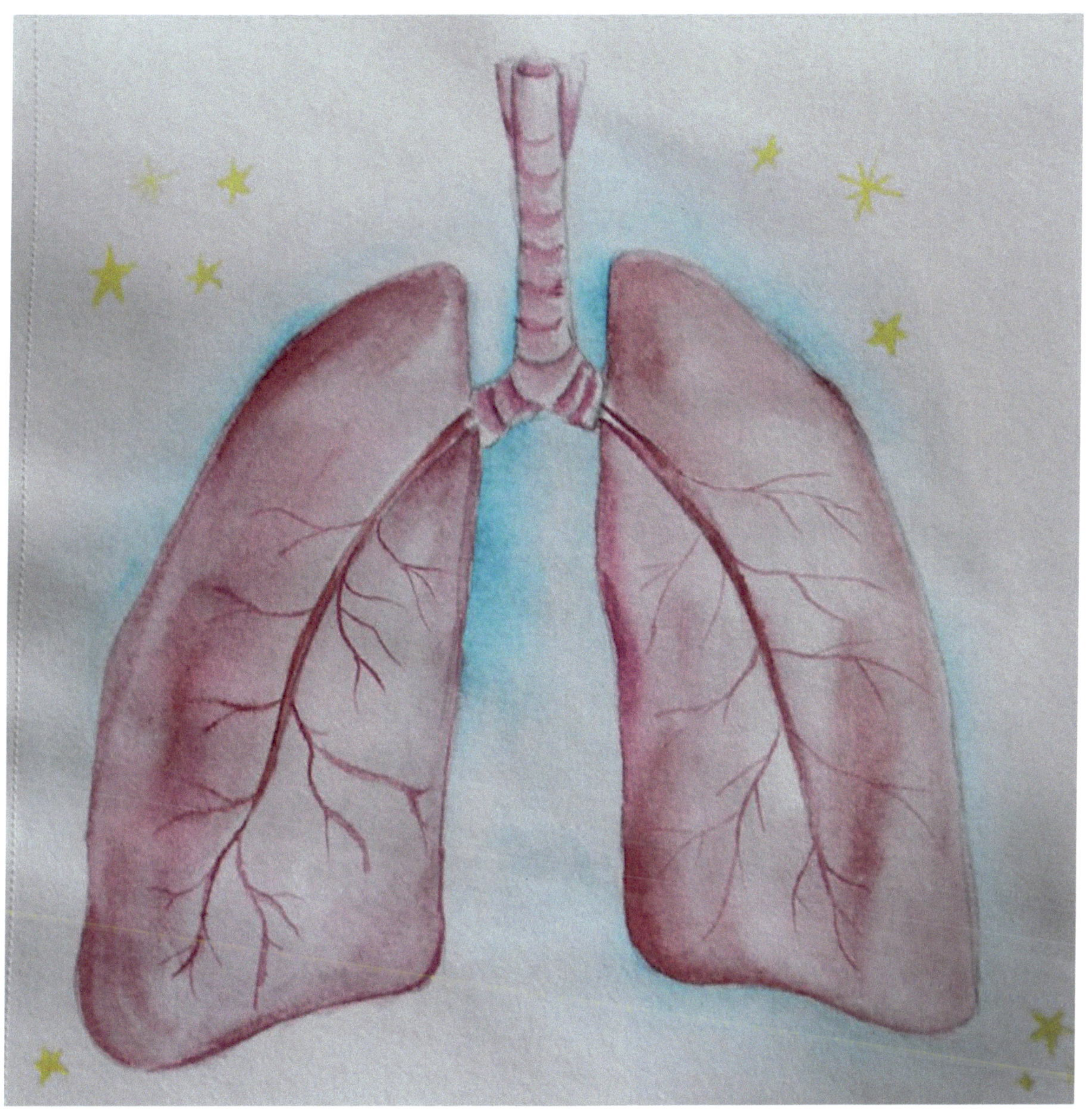

...un nuevo par de pulmones.

One day, late at night, the phone rang.

Una noche, tarde, sonó el teléfono.

"Hello?" Mom said sleepily.

"Is this Annzie's mom?" the voice on the phone asked.

"Yes, it is," Mom answered. "Is everything okay?"

"I have good news," said the voice on the phone.
"We found new lungs for Annzie!"

—¿Hola? —dijo mamá con voz somnolienta.

—¿Es la mamá de Annzie? —preguntó la voz al otro lado del teléfono.

—Sí, soy yo —respondió mamá—. ¿Va todo bien?

—Tengo buenas noticias —dijo la voz al otro lado del teléfono.
—¡Encontramos unos pulmones nuevos para Annzie!

Excited and full of hope, they headed to the hospital.

Emocionados y llenos de esperanza, se dirigieron al hospital.

Before she knew it, Annzie was ready for surgery.

Antes de que se diera cuenta, Annzie estaba lista para la cirugía.

Annzie's family prayed, and they waited.

La familia de Annie rezó y esperó.

“We have good news!” announced the doctor.

“The surgery was a success! Annzie has new lungs!”

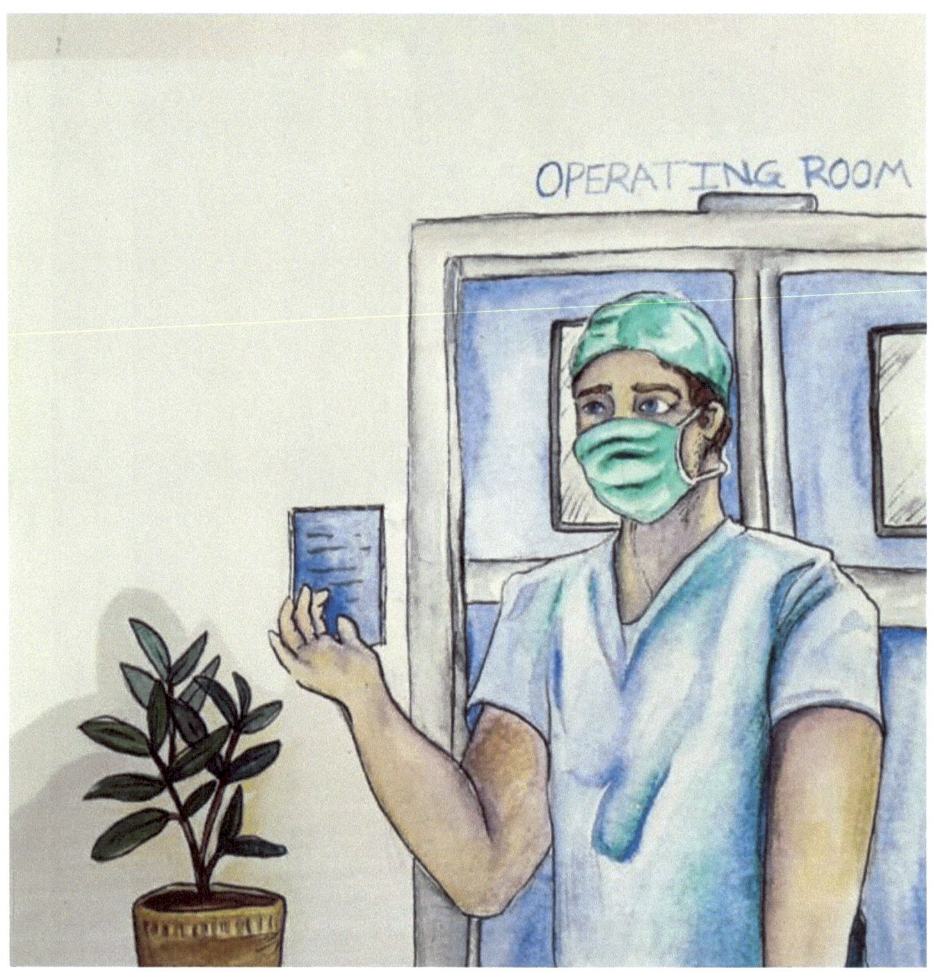

«¡Tengo buenas noticias!», anunció el doctor.

«¡La operación ha sido un éxito! Annzie tiene pulmones nuevos!».

“Healing was difficult and scary...

but with the help of everyone she loved, Annzie grew stronger.

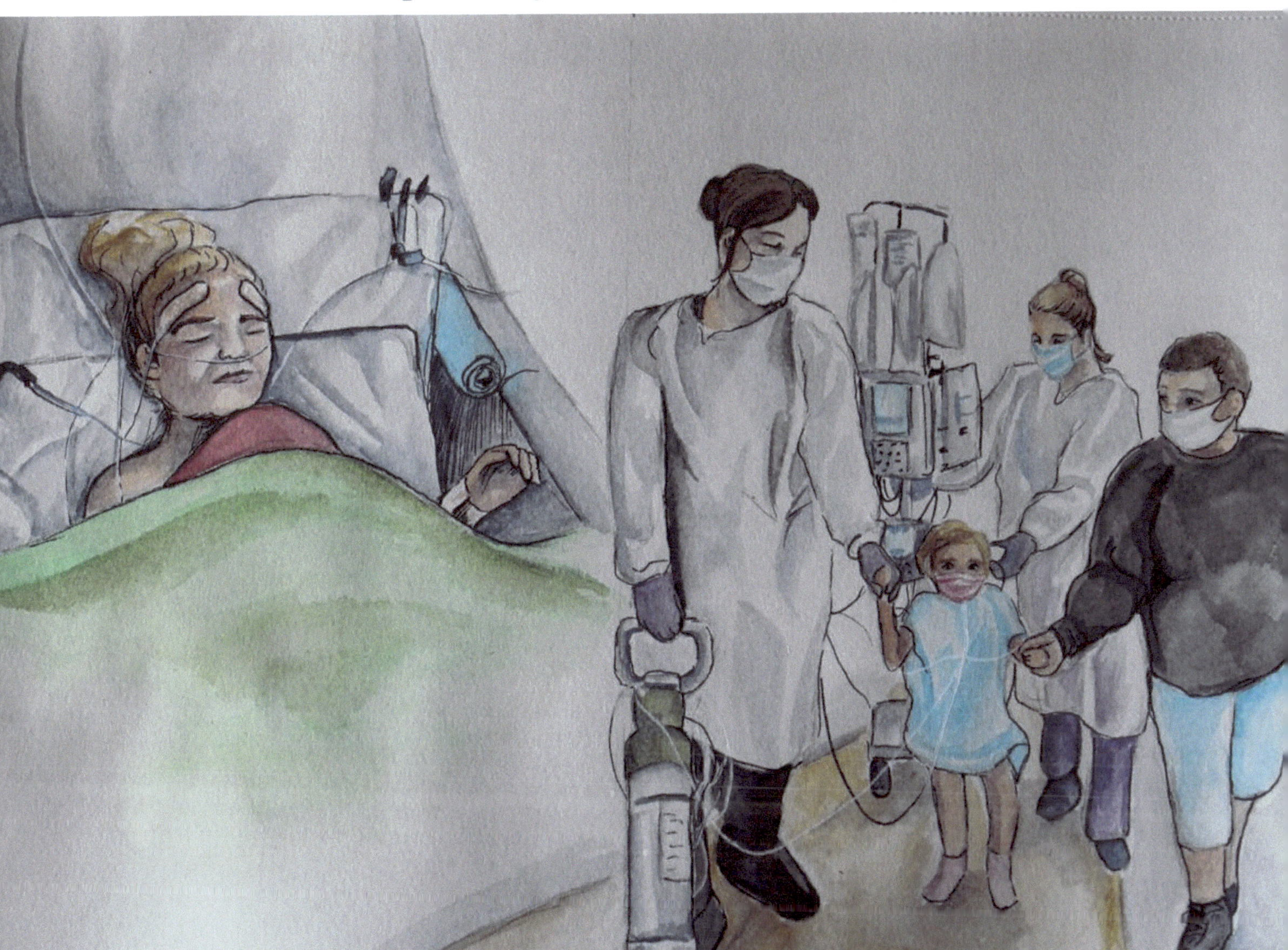

La recuperación fue difícil y aterradora...

pero con la ayuda de todos sus seres queridos, Annzie se hizo más fuerte.

Soon she learned that she could now do so many AMAZING things...

Now she can CLIMB big hills!

Pronto aprendió que ahora podía hacer cosas INCREÍBLES...

¡Ahora puede subir grandes colinas!

And PLAY the drums!

And SLIDE!

¡Y TOCA la batería!

¡Y DESLIZARSE!

She can SING!

¡Puede CANTAR!

And SKATE!

¡Y PATINAR!

And, of course,

Annzie can again RIDE

her favorite horse, Little Girl!

Y, por supuesto,

¡Annzie puede volver a MONTAR

a su caballo favorito, Little Girl!

With her new lungs,

Annzie can do

ANYTHING!

Con sus nuevos pulmones,

Annzie puede hacer

¡CUALQUIER COSA!

A Note from Annzie

My name is Annika, and my mom says that I'm "tenacious."

I'm 11 years old now, but when I was only 12 weeks, I developed an infection which caused widespread complications in my little body. Eventually, my illness led me to need a double lung transplant, which I received on September 17, 2021 from a very special 3-year-old donor.

Since then, I've been living my life to the fullest. I love all animals, especially my horse, Little Girl, but also my rabbits, goats, chickens, ducks, turkeys, and dogs!

This last year I found a new love: hockey! I currently play for the Cleveland Rockin' Wildcats, an American Special Hockey Association (ASHA) team.

While I have fought, and will continue to fight, many battles due to my medical conditions, I have not and will not give up. And THAT is why people call me "Annzie the Brave!"

Una Nota de Annzie

Me llamo Annika, y mi mamá dice que soy «tenaz».

Ahora tengo 11 años, pero cuando solo tenía 12 semanas, desarrollé una infección que me causó complicaciones generalizadas en mi pequeño cuerpo. Con el tiempo, mi enfermedad me llevó a necesitar un trasplante doble de pulmón, que recibí el 17 de septiembre de 2021 de un donante muy especial de 3 años.

Desde entonces, he estado viviendo mi vida al máximo. Me encantan todos los animales, especialmente mi yegua, Little Girl, ¡pero también mis conejos, cabras, gallinas, patos, pavos y perros!

Este último año descubrí una nueva pasión: ¡el hockey! Actualmente juego para los Cleveland Rockin' Wildcats, un equipo de la Asociación Americana de Hockey Especial (ASHA). Aunque he luchado y seguiré luchando muchas batallas debido a mis condiciones médicas, no me he rendido ni me rendiré. ¡Y por ESO la gente me llama «Annzie la Valiente»!

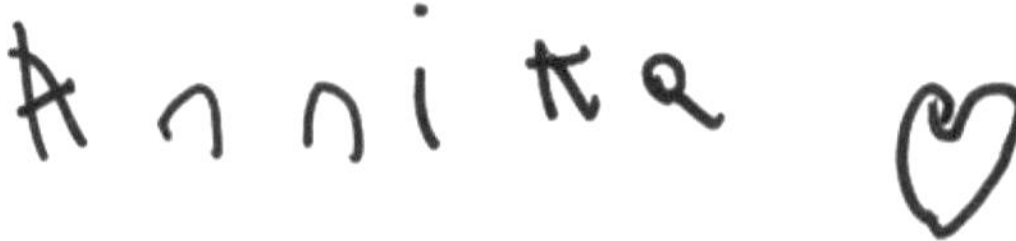

D.L. Williams lives near Meadville, PA, where she works as an Autistic Support Paraprofessional at a local elementary school.

Annzie the Brave, her first children's book, won first place in The Author Zone (TAZ) Awards in 2020. She is also the author of *Ginger: Best in Show*. Her short stories appear in *Prompted, Prodded, Published: How Writing Prompts Can Help All Writers* and in *Celebrate: A Collection of Life's Celebrations*.

This book is a sequel to the true story of a brave little girl known affectionately as Annzie.

About the Author

Sobre la Autora

D.L. Williams vive cerca de Meadville, Pensilvania, donde trabaja como asistente de apoyo para niños con autismo en una escuela primaria local.

Annzie the Brave, su primer libro infantil, ganó el primer premio en los premios de The Author Zone (TAZ) en 2020. También es autora de *Ginger: Best in Show*, y sus cuentos cortos aparecen en *Prompted, Prodded, Published: How Writing Prompts Can Help All Writers* y en *Celebrate: A Collection of Life's Celebrations*.

Este libro es la secuela de la historia real de una valiente niña conocida cariñosamente como Annzie.

Ashley Plummer was born in 1993 to Mary and David Plummer. She grew up in Sioux Falls, SD where she developed a love for both art and horses. She started horseback riding in middle school and continued to develop that love of horses through working at the stable, volunteering at the local equine therapy program, and later teaching riding lessons during summers. She attended South Dakota State University (SDSU) where she graduated with a degree in Art Education in 2015. She now lives in Milbank, SD where she teaches high school art and enjoys spending time with her horse Oreo and working on her art.

This is her fourth Tree Shadow Press book.

About the Illustrator

Sobre la Ilustradora

Ashley Plummer nació en 1993 de Mary y David Plummer. Ella creció en Sioux Falls, SD donde desarrolló un amor por el arte y los caballos. Comenzó a montar a caballo en la escuela secundaria y continuó desarrollando ese amor por los caballos trabajando en el establo, como voluntaria en el programa local de equinoterapia y más tarde dando clases de equitación durante los veranos. Asistió a la Universidad Estatal de Dakota del Sur (SDSU) donde se graduó con un título en Educación Artística en 2015. Ahora vive en Milbank, SD, donde enseña arte en la escuela secundaria y disfruta pasando tiempo con su caballo Oreo y trabajando en su arte.

Este es su cuarto libro con Tree Shadow Press.

About the Translator

Debra R. Sanchez has moved over thirty times...so far.

She earned her B.A. in communications and writing from Westminster College. She and her husband have three adult children and seven grandchildren...so far.

She teaches writing workshops, provides writing coaching, and hosts writing retreats.

She also is a freelance editor and a translator of a wide variety of topics, including numerous books.

She is the exclusive translator for Tree Shadow Press. Their Spanish language books can be found in the "Libros en Español" page of Tree Shadow Press.

https://www.treeshadowpress.com

Her writing has won awards in numerous genres, including children's stories, poetry, fantasy, fiction, and creative nonfiction. Several of her plays and monologues have been produced and published. Her other works have been published in anthologies, newspapers, and literary magazines.

For more information, visit her webpage: www.debrarsanchez.com.

Sobre la traductora

Debra R. Sanchez se ha mudado más de treinta veces... hasta ahora.

Es licenciada en Comunicación y Escritura por el Westminster College. Ella y su marido tienen tres hijos adultos y siete nietos...hasta ahora.

Ella ofrece talleres de escritura, asesora a escritores y organiza retiros de escritura.

También es editora independiente y traductora de una amplia variedad de temas, incluyendo numerosos libros. Ella es la traductora exclusiva de Tree Shadow Press. Los libros en español de Tree Shadow Press pueden encontrarse en la página "Libros en Español" de Tree Shadow Press.

https://www.treeshadowpress.com

Sus obras han sido premiadas en varios géneros: cuentos infantiles, poesía, fantasía, ficción y no ficción creativa. Varias de sus obras de teatro y monólogos han sido producidas y publicadas. Sus otras obras se han publicado en revistas literarias, periódicos y antologías.

Para más información, visite su página web: www.debrarsanchez.com.

www.ingramcontent.com/pod-product-compliance
Lightning Source LLC
LaVergne TN
LVHW070204110826
845147LV00002B/503
* 9 7 8 1 9 4 8 8 9 4 4 8 7 *